toujours plus de POURQUOI !

Isabelle Fougère

Larousse Jeunesse

Illustrations

L'art et l'histoire : **Thomas Priou**

Le quotidien : **Laurent Kling**

La tête et les jambes : **Thérèse Bonté**

La Terre et l'espace : **Patrick Chenot**

Direction de la publication : Sophie Chanourdie

Édition : Magali Marquet

Responsable artistique : Laurent Carré

Mise en page : Jean-Marc Richard

Fabrication : Jenny Vallée

21, rue du Montparnasse
75006 Paris

ISBN : 978-2-03-594985-1

Photogravure : IGS

Imprimé en RPC

Dépôt légal : septembre 2018

320712-01/11036881-juillet 2018

Conforme à la loi n° 49-956 du 16 juillet 1949
sur les publications destinées à la jeunesse.

Pourquoi nos ancêtres de la Préhistoire voyageaient-ils ?

Ils devaient se déplacer pour fuir le froid ou la chaleur, et pour trouver de la nourriture : des plantes à cueillir et des animaux à chasser. C'est comme cela qu'ils se sont répandus sur toute la planète !

Pourquoi ont-ils décidé de s'habiller ?

Il y a 30 000 ans, les humains, ayant perdu leurs poils, avaient froid. Ils ont fait des manteaux avec des peaux de mammouths. Ils les découpaient avec des silex taillés et ils les cousaient avec des aiguilles en os.

Pourquoi nos ancêtres de la Préhistoire taillaient-ils les silex ?

Avec ces roches, ils se fabriquaient des outils pour couper et gratter, des pointes de flèches, des harpons et des pointes de lances pour se défendre, chasser des animaux et les manger.

Pourquoi fabriquaient-ils des statues de femmes grosses ?

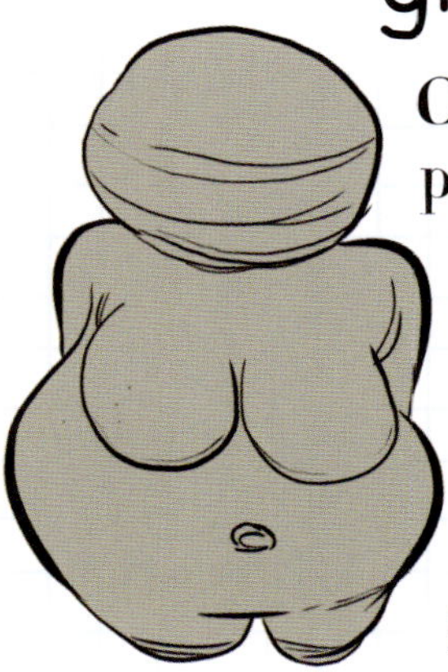

Ces sculptures en terre font partie des œuvres d'art les plus vieilles du monde ! En exagérant leurs rondeurs, nos ancêtres artistes ont voulu montrer qu'ils étaient fascinés par la capacité des femmes à avoir des bébés.

Pourquoi connaissons-nous la vie des gens de la Préhistoire ?

C'est grâce aux archéologues qui fouillent les grottes et les sols pour trouver les traces que nos ancêtres ont laissées : outils, squelettes ou peintures sur les murs. Autant d'indices pour comprendre leurs manières de vivre.

Pourquoi les Grecs avaient-ils des dieux ?

Pour eux, les dieux étaient à l'origine du monde et leurs actions avaient selon eux des conséquences sur les humains. Alors ils les honoraient sous forme de statues et demandaient leur protection.

Pourquoi les Grecs avaient-ils des bateaux ?

Les Grecs faisaient du commerce dans la mer Méditerranée : ils construisaient des vaisseaux à voiles carrées pour transporter les marchandises qu'ils mettaient dans de belles poteries peintes. Certaines ont été retrouvées par les archéologues.

Pourquoi étaient-ils des athlètes ?

Les Grecs étaient de grands sportifs. Ils ont inventé l'athlétisme ainsi que les Jeux olympiques ! Ils construisaient de grands gymnases et organisaient des concours de lutte, de lancer de javelot et de disque, de course à pied ou de saut en longueur.

Pourquoi les Égyptiens dessinaient-ils sur les murs ?

Les artistes racontaient sur les murs des palais et des temples la vie de la population, des pharaons et des dieux. Ils ne faisaient pas que dessiner : ils écrivaient aussi avec des « hiéroglyphes », des symboles représentant des sons et des idées.

Pourquoi adoraient-ils le Nil ?

Pour les Égyptiens, le Nil était un fleuve sacré. Une fois par an, celui-ci débordait et arrosait les champs, permettant aux agriculteurs de faire de belles récoltes. Le pharaon organisait alors une grande fête pour le remercier.

Pourquoi les momies des Égyptiens existent-elles encore ?

Ils les fabriquaient exprès pour qu'elles durent ! Quand un pharaon ou un noble mourait, on faisait un traitement avec des plantes à son corps pour qu'il se conserve et on l'entourait de bandelettes avant de le placer dans un sarcophage.

Pourquoi les Romains allaient-ils au Colisée ?

À leur époque, il n'y avait pas de télé : ce grand cirque était la distraction préférée des Romains. On y assistait à des spectacles aquatiques, des courses de chars, des combats de gladiateurs ou de condamnés à mort avec des lions.

Pourquoi les Romains mangeaient-ils couchés ?

Ils considéraient qu'il était plus élégant de prendre son repas dans cette position. C'était un signe de richesse et de noblesse. Pendant le dîner, qui durait plusieurs heures, ils étaient distraits par des chanteurs et des danseurs.

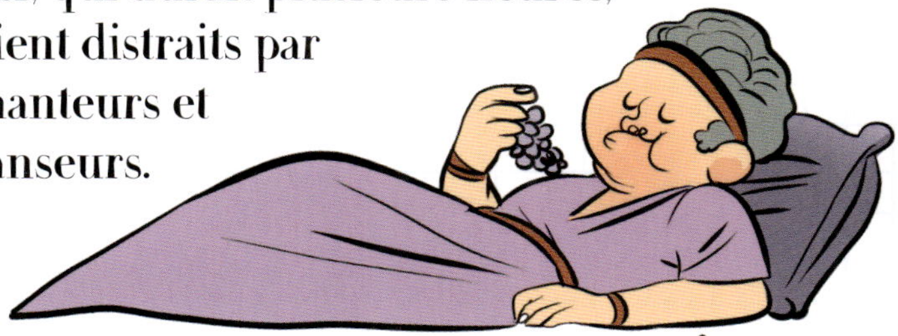

Pourquoi conduisaient-ils des chars ?

Les chars servaient pour la parade et pour la guerre. Les Romains organisaient de grandes courses très populaires et dangereuses. Chaque char était tiré par deux ou quatre chevaux et les conducteurs, ou « auriges », portaient des casques.

Pourquoi les chevaliers du Moyen Âge prêtaient-ils serment ?

On devenait chevalier au terme d'un long apprentissage qui commençait vers l'âge de 7 ans. Lors de son adoubement, vers 20 ans, le chevalier promettait fidélité et loyauté à Dieu, ainsi qu'au seigneur qui le commandait.

Pourquoi les femmes du Moyen Âge portaient-elles des fourrures d'animaux ?

Non seulement les dames, mais les seigneurs et les rois aussi ! C'était un moyen d'avoir moins froid dans les châteaux mal chauffés, mais aussi de montrer sa fortune car les belles peaux coûtaient très cher.

Pourquoi les architectes du Moyen Âge bâtissaient-ils des cathédrales ?

Les évêques et les rois commandaient la construction des cathédrales. Ils pensaient tenir leur pouvoir de Dieu et voulaient lui bâtir des lieux de prière extraordinaires. Cela prenait des dizaines d'années, sans grues et sans électricité !

Pourquoi les moines écrivaient-ils les livres à la main ?

Avant l'invention de l'imprimerie au XVe siècle, les moines recopiaient chaque texte à la plume sur des parchemins et ils les décoraient de magnifiques dessins : les enluminures.

Pourquoi les rois mettaient-ils des tours à leurs châteaux ?

Cela leur permettait de mieux se défendre. Carrées ou cylindriques et toujours hautes, les tours étaient construites aux angles et au centre du château pour le donjon. On y faisait le guet pour voir les ennemis arriver de loin.

Pourquoi les seigneurs du Moyen Âge organisaient-ils des tournois ?

Les chevaliers s'affrontaient pour évaluer leur bravoure. C'était un spectacle très apprécié par la cour. Objectif : désarçonner avec sa lance le chevalier qui arrivait en face. Courageux, mais dangereux !

Pourquoi les rois portaient-ils des numéros ?

Les rois se transmettaient souvent la couronne de père en fils. Comme ils portaient fréquemment le même prénom, leur règne était numéroté. Il y a eu ainsi 18 rois prénommés Louis entre le Moyen Âge et le XIXe siècle !

Pourquoi y a-t-il des guerres ?

Depuis la Préhistoire, les hommes ne cessent malheureusement de trouver des raisons de se battre : pour conquérir ou défendre un territoire, une région ou un pays, imposer une religion, prendre les ressources naturelles du voisin, ou défendre un allié.

Pourquoi la paix est-elle mieux que la guerre ?

La guerre tue et détruit. Ses victimes - hommes, femmes et enfants - se retrouvent souvent ruinées ou orphelines. Alors que la paix, même si elle demande des efforts pour s'entendre, nous permet de vivre ensemble et en sécurité.

Pourquoi y a-t-il eu la Révolution française ?

Les rois ont longtemps gouverné sans l'avis du peuple. Au XVIIIe siècle, des philosophes français ont réclamé plus de liberté et moins de misère. La révolution a éclaté et le peuple a chassé violemment la royauté pour créer une République.

Pourquoi les Indiens d'Amérique portaient-ils des plumes ?

Pour ces peuples proches de la nature, porter des plumes d'oiseaux, notamment d'aigles et de faucons, était un symbole de puissance et de lien sacré entre la terre et le ciel.

Pourquoi les cow-boys se battaient-ils avec les Indiens ?

C'était une guerre de territoire : les cow-boys voulaient s'installer sur le territoire des Indiens, qui étaient là depuis très longtemps. Ils se sont battus pendant de longues années et les Indiens ont perdu face aux cow-boys.

Pourquoi le peuple Inca a-t-il construit le Machu Picchu ?

Les Incas vivaient en Amérique du Sud. Au XVe siècle, ils ont bâti le Machu Picchu (au Pérou), une cité en l'honneur du dieu du Soleil. Les ruines de la ville sont situées à 2 400 mètres d'altitude, sur un sommet de la chaîne de montagnes des Andes.

Pourquoi les Chinois ont-ils élevé une grande muraille ?

Pour se protéger de l'invasion des peuples voisins, comme les Mongols. Il a fallu plusieurs siècles pour la construire ! Elle est protégée par des forts et des tours, et elle s'étend sur plus de 6 000 kilomètres de long !

Pourquoi les Mayas ont-ils bâti des pyramides ?

Situées en Amérique centrale, les pyramides du peuple maya permettaient d'accéder à des temples. Très hauts, leurs quatre escaliers s'inspiraient de l'astronomie et comptaient 365 marches, autant que de jours dans l'année.

Pourquoi les guerriers massaïs portent-ils des lances ?

Les Massaïs, qui vivent dans l'est de l'Afrique, sont des bergers mais aussi des guerriers. Autrefois, ils tuaient des lions dans la savane avec leurs lances. Ils les portent encore parfois comme un symbole de puissance.

Pourquoi les peintures se trouvent-elles dans les musées ?

Il s'agit de peintures célèbres, car d'autres se trouvent aussi chez des collectionneurs. On les conserve dans des musées pour qu'elles ne s'abîment pas et pour que tout le monde puisse admirer les œuvres de grands artistes.

Pourquoi les peintres et les sculpteurs ont-ils besoin de modèles ?

Certains artistes s'inspirent du réel. Ils doivent faire poser des gens, nus ou habillés, appelés des modèles, pour voir, par exemple, comment se présente une jambe pliée, ou quelle forme a un visage de profil.

Pourquoi les peintres utilisent-ils une palette ?

Ils utilisent cet accessoire en forme de planche pour poser et mélanger les couleurs qu'ils appliquent ensuite sur leur tableau à l'aide de pinceaux. Les palettes ont souvent un trou pour y passer le pouce et permettre ainsi de les porter facilement.

Pourquoi les musiciens doivent-ils apprendre le solfège ?

Le solfège est l'alphabet qui permet de lire et d'écrire la musique. Il indique les sons et les rythmes d'un morceau, grâce aux notes et aux signes dessinés sur les portées. Pour jouer d'un instrument ou chanter, il faut donc apprendre le solfège !

Pourquoi les violonistes accordent-ils leurs instruments ?

Avant de jouer ensemble, les musiciens jouent tous la même note, le *la*, pour vérifier que leurs instruments sonnent juste, et, de la même façon, que les cordes des violons ne se sont pas distendues. Le concert peut alors commencer !

Pourquoi les pianistes doivent-ils faire de la gym des mains ?

Pour jouer comme un virtuose, il faut savoir poser très vite et très habilement ses doigts sur les touches du piano. Les grands pianistes professionnels doivent assouplir leurs doigts tous les jours.

Pourquoi n'y a-t-il pas beaucoup de femmes chefs d'orchestre ?

Autrefois, la société voulait que les femmes restent à la maison. Aujourd'hui, elles peuvent diriger un orchestre, mais les mentalités mettent du temps à évoluer, et elles sont encore peu nombreuses à exercer ce métier.

Pourquoi les chanteurs d'opéras ne doivent-ils pas attraper de rhume ?

Les chanteurs poussent leur voix très haut ou bas, ils font travailler leurs cordes vocales. Ces dernières sont si fragiles qu'un rhume peut les empêcher de fonctionner, alors les divas évitent les courants d'air !

Pourquoi tout le monde aime-t-il *la Joconde* ?

Ce tableau, peint au XVIe siècle par Léonard de Vinci, représente Mona Lisa, une femme au sourire mystérieux et qui nous suit des yeux quand on la regarde. Des millions de personnes viennent l'admirer chaque année au musée du Louvre à Paris.

Pourquoi Picasso dessinait-il des gens tout déformés ?

Il voulait donner sa vision du monde et bousculer la réalité pour exprimer ce qu'il pensait et ressentait. Avec ses yeux en forme de larmes, ses cous allongés ou ses corps carrés, il a révolutionné l'art moderne.

Pourquoi a-t-on parfois envie de pleurer en écoutant des chansons ?

La musique, mais aussi les tableaux et les œuvres d'art en général, font appel à nos émotions, que ce soit la joie ou la tristesse. Grâce à leur beauté ou à leur force, elles parlent à notre cœur.

Pourquoi y a-t-il une statue de la Liberté à New York ?

Cette statue fut offerte par la France aux États-Unis en 1886 en signe d'amitié. Dessinée par l'architecte de la tour Eiffel, Gustave Eiffel, elle fut construite par le sculpteur Frédéric Auguste Bartholdi. Elle mesure 46,50 mètres de haut (sans le socle) et on peut rentrer à l'intérieur !

Pourquoi les danseurs de flamenco tapent-ils dans leurs mains ?

Le flamenco est un style de musique, de danse et de chant, né en Espagne et souvent interprété par le peuple gitan. Les tapements de mains, appelés *palmas*, donnent le rythme aux chanteurs.

Pourquoi applaudit-on au théâtre ?

À la fin de la représentation, on tape dans nos mains pour montrer que l'on est content du spectacle et pour remercier le travail des comédiens qui viennent saluer sur scène, mais aussi du metteur en scène, de l'auteur de la pièce, etc.

Pourquoi les écrivains d'autrefois utilisaient-ils des plumes ?

Les auteurs utilisent les techniques de leur temps ! Avant l'invention des ordinateurs et même des stylos, ils trempaient leur plume dans de l'encre et traçaient leurs lettres sur du parchemin, puis sur du papier.

Pourquoi George Sand portait-elle un pantalon ?

Sous ce prénom masculin se cachait une romancière ! Au XIXe siècle, seuls les hommes étaient respectés comme écrivains. George portait aussi des pantalons, interdits aux femmes, pour marcher plus confortablement dans la rue.

Pourquoi doit-on écrire un scénario avant de tourner un film ?

Le scénario, c'est l'histoire que raconte le film, mais aussi la description des lieux où l'action se passe, les dialogues entre les personnages. Il faut avoir décidé de tout cela avant de commencer le tournage.

Pourquoi paye-t-on pour aller au cinéma ?

Derrière un film, il y a le travail de beaucoup de gens : le scénariste, les acteurs, mais aussi le réalisateur, les cameramen, les costumiers, les figurants. Tout cela coûte cher et les spectateurs participent au budget en payant leur billet.

Pourquoi apprend-on l'histoire à l'école ?

Pour nous rendre compte de ce qui est important pour notre monde d'aujourd'hui, il est indispensable de connaître la vie de nos ancêtres, leurs réussites et leurs erreurs, et d'en tirer des leçons. C'est le rôle de l'histoire.

Pourquoi donne-t-on des prix Nobel ?

C'est une récompense internationale très prestigieuse, remise chaque année en Suède aux personnes ayant apporté le plus à l'humanité dans les domaines de la médecine, des sciences, de la littérature, de l'économie et de la paix dans le monde.

Pourquoi Walt Disney inventa-t-il Mickey et Minnie ?

Le créateur de dessins animés a créé ces deux souris si humaines pour devenir les héros de multiples aventures filmées. C'était il y a 90 ans, mais Mickey et Minnie n'ont pas vieilli et restent célébrés dans le monde entier.

Pourquoi la Préhistoire ne fait-elle pas partie de l'histoire ?

Même si, grâce aux archéologues, on connaît la vie de nos ancêtres de la Préhistoire, les scientifiques considèrent que l'histoire commence seulement avec l'invention de l'écriture, il y a plus de 5 000 ans.

Le quotidien

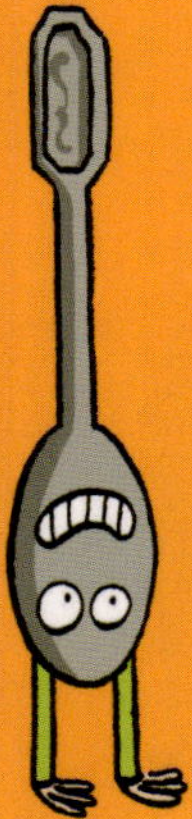

Pourquoi ne sommes-nous pas toujours en vacances ?

L'être humain a besoin d'action. Il s'ennuie s'il ne fait rien. Quand il est petit, il doit apprendre. Plus tard, il doit travailler. On ne pourrait pas vivre dans un monde sans docteur, sans école ou sans magasin !

Pourquoi doit-on travailler ou étudier ?

On étudie pour apprendre des choses indispensables dans la vie, comme compter et lire. Une fois adultes, nous avons un travail pour gagner notre vie, pour nous rendre utiles à la société, mais aussi pour nous épanouir.

Pourquoi doit-on bien manger le matin ?

Le petit déjeuner est un repas essentiel pour débuter la journée. Quand nous nous levons, cela fait plus de 10 heures que notre corps n'a pas été nourri et il pourrait manquer d'énergie. Objectif : tenir jusqu'au déjeuner !

Pourquoi ne doit-on pas se battre avec ses camarades ?

Se battre pour obtenir ce que l'on veut ou se défendre, à l'école ou à la maison, provoque de la violence. Cela rend tout le monde malheureux et ce n'est pas la meilleure solution à nos problèmes. Mieux vaut discuter et essayer de s'entendre.

Pourquoi faut-il mettre de l'essence dans les avions ?

Pour leur permettre de fonctionner ! Les avions vont très vite pour s'envoler et ils ont besoin de beaucoup de carburant (ou kérosène) : des dizaines de milliers de litres par vol, 180 fois plus qu'une voiture !

Pourquoi y a-t-il des contrôleurs aériens ?

Pour la sécurité du ciel et des passagers, il faut surveiller les décollages, les atterrissages et les vols des avions dans le ciel !
C'est le travail des contrôleurs aériens installés dans des tours d'observation, équipées de radars et d'ordinateurs.

Pourquoi les voitures ont-elles quatre roues ?

Les quatre roues permettent à la voiture de tenir sur la route et d'avancer. Elles reçoivent la force que donne le moteur et elles entraînent le mouvement du véhicule. Entourées de pneus en caoutchouc, elles s'accrochent à la route quand on freine.

Pourquoi les bateaux ont-ils des voiles ?

Les bateaux appelés voiliers peuvent avancer sans moteur, grâce à leurs voiles qui utilisent la force du vent. Ce dernier s'engouffre dedans et il pousse le bateau dans la direction que souhaite le capitaine qui tient le gouvernail.

Pourquoi les vélos ont-ils un guidon ?

S'ils n'en avaient pas, les vélos ne pourraient pas tourner ! Le guidon sert à diriger les roues vers la direction que l'on souhaite emprunter. Il joue le même rôle que le volant d'une voiture.

Pourquoi se lave-t-on tous les jours ?

Pour ne pas être sale et sentir mauvais, même si nous ne nous sommes pas roulés dans la boue ! Tous les jours, nous transpirons, nous touchons des choses ou des gens qui peuvent être porteurs de bactéries. Nous laver nous aide à nous débarrasser de ces microbes.

Pourquoi faut-il se brosser les dents tous les jours ?

La nourriture laisse des bactéries sur nos dents. Si on ne les enlève pas, elles provoquent des maladies douloureuses appelées caries. Il faut alors aller chez le dentiste.

Pourquoi doit-on traverser sur les passages pour piétons ?

Cela évite de se faire renverser par les voitures et peut nous sauver la vie. Pour que les piétons et les voitures circulent en même temps sur les routes, il y a des règles à respecter : à chacun son espace et son moment pour passer.

Pourquoi doit-on économiser l'électricité ?

Pour protéger notre planète qui en a grand besoin ! Plus nous utilisons de l'électricité, plus il faut en fabriquer dans des usines, et plus, alors, nous créons de la pollution, mauvaise pour les plantes, les animaux et aussi pour notre santé.

Pourquoi doit-on fermer le robinet quand on se lave les dents ?

C'est aussi pour protéger notre planète. L'eau y est un élément rare et précieux. Si nous en consommons trop, nous devons en puiser toujours plus dans le sol et les rivières et nous risquons d'épuiser les réserves.

Pourquoi y a-t-il des fraises seulement en été ?

Chaque saison a ses fruits et ses légumes. C'est parce qu'ils ont besoin chacun d'une certaine quantité de soleil et de temps pour grandir et mûrir. Pour déguster des fraises en hiver, on peut manger des confitures !

Pourquoi ne faut-il pas trop manger de sucre ?

Notre corps a besoin de sucre pour fonctionner, mais en quantité raisonnable. Sinon, cela gâte les dents et peut rendre malade. Attention, certains aliments et jus dont nous sommes friands en contiennent trop !

Pourquoi faut-il respecter les lois ?

Pour arriver à vivre tous ensemble, nous avons besoin de règles qui soient les mêmes pour tous. Les lois disent ce que nous pouvons faire ou ne pas faire, comme se battre ou voler. Elles sont là pour empêcher certains de tricher ou de maltraiter les autres.

Pourquoi les policiers arrêtent-ils les gens ?

Le rôle des policiers est d'empêcher que des gens ne respectent pas les lois, et d'arrêter ceux qui ont désobéi. Selon la gravité de leur faute, ils les mettent en prison ou leur dressent une contravention.

Pourquoi le courrier arrive-t-il chez nous ?

C'est grâce au travail du facteur. Chaque matin, il prend le courrier qui est arrivé depuis le monde entier jusqu'au centre de tri de notre ville. Il distribue ensuite les lettres et les colis chez les gens dont l'adresse est indiquée sur l'enveloppe.

Pourquoi faut-il mettre un timbre sur les lettres ?

Le timbre que nous collons sur les enveloppes pour envoyer une lettre est payant. Il permet de financer le transport du courrier et le travail du facteur qui le distribue aux destinataires.

Pourquoi se met-on de la crème sur la figure ?

Il y a plusieurs raisons de se mettre de la crème sur la figure : nous guérir si nous avons un bouton ou une bosse, nous protéger du soleil, mais aussi nourrir notre peau pour avoir bonne mine.

Pourquoi ne doit-on pas trop rester devant des écrans ?

En restant le nez sur sa tablette, on profite moins de la vie autour de nous, la famille, les amis, le plaisir du dessin ou du foot. Et puis, les écrans envoient dans nos yeux des rayons qui peuvent être dangereux si on les regarde trop longtemps.

Pourquoi est-il nécessaire de faire du sport ?

Notre corps a besoin de mouvement pour se sentir bien. Il produit alors des substances qui nous rendent plus joyeux mais aussi plus forts car cela aide nos muscles à se développer et notre cerveau à se concentrer.

Pourquoi les infirmiers et les infirmières portent-ils des blouses ?

Les blouses nous permettent de les reconnaître et leur permettent aussi de ne pas se salir quand ils travaillent. C'est surtout plus propre pour les malades car les blouses ne portent pas de microbes venus de l'extérieur.

Pourquoi fait-on cuire les aliments ?

Cela permet de tuer les bactéries qui nous rendraient malades et cela rend les aliments plus faciles à digérer pour notre estomac. Cuire les aliments peut aussi leur donner un meilleur goût.

Pourquoi les pompiers portent-ils un casque ?

Les pompiers font un métier dangereux. Pour éteindre le feu et sauver des personnes, ils prennent des risques en s'approchant des flammes ou de lieux dangereux. Le casque les protège, tout comme leurs vêtements adaptés.

Pourquoi les images de la télé arrivent-elles chez nous ?

Les images tournées par la caméra sont transformées en codes chiffrés et passent dans un ordinateur. Ces codes sont envoyés chez nous par les satellites ou des câbles souterrains. Ils arrivent dans notre téléviseur qui les décode et qui affiche les images.

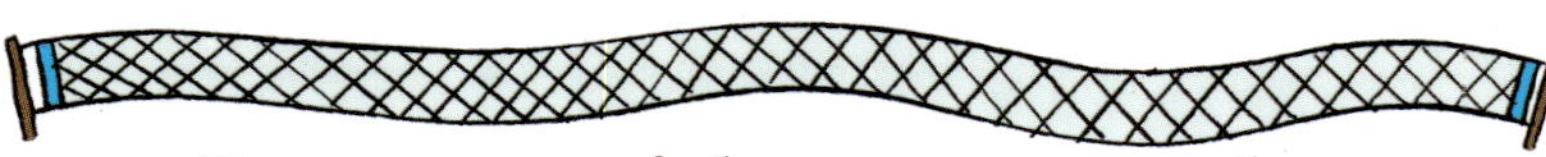

Pourquoi les ampoules font-elles de la lumière ?

Les ampoules comportent sous leur bulle de verre un petit filament. Quand la lampe est branchée, ce filament est relié à l'électricité et il se met à chauffer. En chauffant, il brille et produit de la lumière.

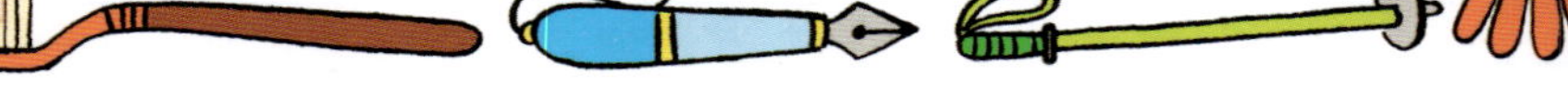

Pourquoi les montgolfières volent-elles ?

Sous le ballon de la montgolfière se trouve un grand réchaud à gaz qui chauffe l'air. L'air chaud a tendance à monter et il gonfle donc la montgolfière. Celle-ci s'élève alors dans l'air plus froid et elle vole.

Pourquoi l'ascenseur monte-t-il ?

Il s'élève grâce à un système de poulie, qui tourne avec un moteur électrique. La cabine de l'ascenseur est accrochée à des câbles qui tournent autour de la poulie. Elle se soulève, tirée par les câbles, et elle nous permet de monter les étages d'un immeuble.

Pourquoi pleure-t-on quand on coupe un oignon ?

Ce n'est pas parce que nous avons du chagrin ! Lorsqu'un oignon est pelé et coupé, il libère dans l'air une substance qui sent fort et qui pique les yeux. Cela les fait pleurer. Pour éviter cela, on peut peler les oignons sous l'eau froide !

Pourquoi les non-voyants peuvent-ils lire quand même ?

Il existe pour les non-voyants un alphabet qu'ils peuvent lire en le touchant du bout de leurs doigts. On l'appelle le braille. Ce sont de petites pointes qui forment différents « dessins » selon les lettres qu'elles représentent.

Pourquoi les glaçons collent-ils sur la langue ?

Un glaçon est composé d'eau congelée à très basse température, en dessous de 0 °C. Or, ce qui est très froid colle facilement à ce qui est chaud. C'est le cas de notre langue qui, elle, n'est pas gelée !

Pourquoi les barrages permettent-ils de fabriquer de l'électricité ?

Les barrages retiennent l'eau des rivières qui dévale les montagnes. Cette eau va dans des bassins dans lesquels elle s'engouffre avec force, en faisant tourner les hélices de gros moteurs et en créant ainsi de l'électricité.

Pourquoi faut-il des plantes pour fabriquer du sucre ?

Le sucre naturel est fabriqué par certaines plantes comme les betteraves et les cannes à sucre. On le récupère en pressant ces plantes pour obtenir un jus, filtré puis chauffé pour devenir du sirop. Chauffé à son tour, ce sirop devient des petits cristaux de sucre !

Pourquoi le plastique est-il dangereux pour la nature ?

Le plastique ne pourrit pas avec le temps, il reste dans la nature pendant des siècles. En plus, il contient des substances mauvaises pour notre santé et celle des animaux et des végétaux. C'est pour cela qu'il faut limiter son utilisation.

Pourquoi se voit-on à l'envers dans une cuillère ?

Quand la surface courbée de la cuillère envoie des rayons de lumière à notre œil, ceux-ci se croisent et s'inversent, ce qui donne à notre cerveau une image à l'envers de la réalité. C'est ce que l'on appelle un effet d'optique.

Pourquoi décore-t-on des sapins à Noël ?

Il s'agit d'une tradition très ancienne, venue des pays du nord de l'Europe. Le jour de Noël est celui où le soleil recommence à briller avant d'amener le printemps et où l'on change d'année. Pour fêter cela, nos ancêtres décoraient des sapins dans la forêt.

Pourquoi dit-on « Allô » au téléphone ?

Pour certains, ce mot étrange viendrait de l'anglais *Halloo*, autrefois utilisé par les marins britanniques pour se saluer d'un bateau à l'autre. Pour d'autres, il viendrait du hongrois *Halom*, qui signifie : « Je vous entends ».

Pourquoi mange-t-on épicé dans les pays chauds ?

Les pays chauds sont en général ceux où poussent les épices, alors elles sont depuis longtemps utilisées dans les recettes. De plus, les épices permettent de conserver la nourriture et de désinfecter les aliments quand il fait chaud.

Pourquoi les parents décident-ils de tout ?

C'est vrai, mais cela ne dure pas toute la vie ! Même si cela les énerve parfois, les enfants ne sont pas encore en mesure de s'organiser tout seuls. Leurs parents prennent pour eux les décisions importantes en attendant qu'ils deviennent adultes à leur tour.

Pourquoi les pays ont-ils des capitales ?

Ce sont souvent les villes les plus grandes et où il y a le plus d'activités qui deviennent des capitales. C'est là que se rassemblent ceux qui gouvernent le pays : le président, les ministres, pour prendre les décisions importantes.

Pourquoi a-t-on des devoirs à faire à la maison ?

Pour retenir et comprendre ce que les maîtres et les maîtresses ont expliqué à l'école, il faut souvent faire des exercices à la maison. C'est comme cela que l'on progresse, en s'entraînant comme les sportifs.

Pourquoi tout n'est-il pas gratuit ?

Pour chaque chose achetée, il y a des gens qui ont travaillé et des produits qu'il a fallu payer. Par exemple, pour les repas à la cantine : l'agriculteur a fait pousser les carottes, le chef les a cuisinées et les auxiliaires les servent aux élèves !

Pourquoi le bleu est-il pour les garçons et le rose pour les filles ?

C'est ce que l'on disait autrefois, mais cela a heureusement changé ! Il n'y a pas de couleur spéciale pour les uns ou pour les autres, toutes les couleurs vont à tout le monde. C'est ça l'égalité !

Pourquoi certains enfants ne vont-ils pas à l'école ?

L'école est obligatoire pour tous les enfants, mais parfois certains ne peuvent pas s'y rendre, parce qu'ils sont malades ou parce qu'ils vivent trop loin. Leurs parents sont alors chargés de leur faire travailler le programme qui correspond à leur âge.

Pourquoi ne parle-t-on pas tous la même langue ?

Les populations sont nombreuses sur la planète. Elles ont longtemps vécu sans se connaître, chacune développant sa langue. Certaines langues se sont inspirées de langues plus anciennes et se ressemblent, comme le français, l'italien et l'espagnol qui proviennent du latin que parlaient les Romains.

Pourquoi change-t-on d'heure deux fois par an ?

Pour économiser de l'énergie ! Grâce à l'heure d'été, il fait jour plus tard le soir : on allume moins les lumières, et on consomme ainsi moins d'électricité !

Pourquoi les enfants ont-ils des droits spéciaux ?

Les enfants sont plus fragiles que les adultes car ils ne peuvent pas se débrouiller tout seuls. C'est pour cela que les pays ont établi une série de droits spéciaux pour les protéger, comme celui d'avoir un logement ou d'étudier. Malheureusement, ces droits ne sont pas respectés partout.

Pourquoi le dentifrice a-t-il deux couleurs ?

Ce n'est pas seulement pour faire joli ! Il a deux couleurs parce qu'il est composé de deux produits différents utiles pour nos dents.

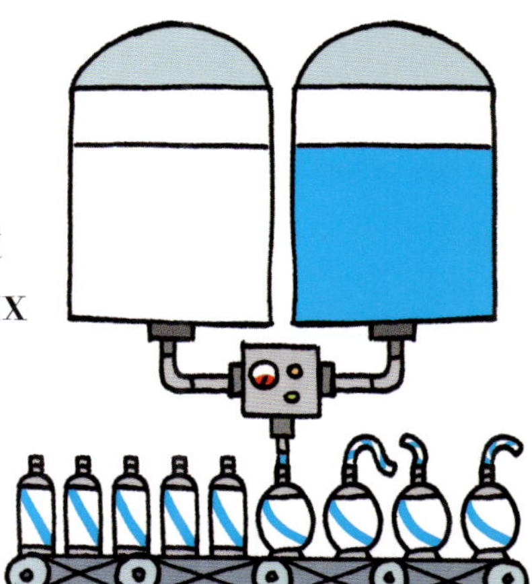

Pourquoi a-t-on des ceintures au judo ?

Les ceintures des judokas montrent leur niveau dans cette discipline. Pour passer de débutant à champion, il faut successivement obtenir les ceintures blanche, jaune, orange, verte, bleue, marron et noire.

Pourquoi au foot le goal porte-t-il un maillot différent de son équipe ?

Le gardien de but doit se distinguer de ses coéquipiers. C'est plus facile avec son maillot spécial de le repérer au milieu des autres joueurs. Il est le seul à avoir le droit de toucher le ballon avec les mains.

La tête et les jambes

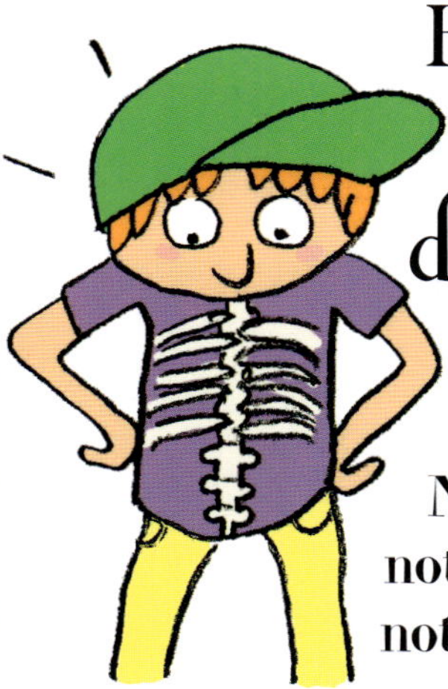

Pourquoi y a-t-il un squelette dans notre corps ?

Grâce à notre squelette, nous nous tenons debout. Nos os, bien durs, protègent notre cœur, nos poumons et notre cerveau. Ils tiennent nos muscles ensemble et ils s'articulent entre eux pour nous permettre de plier nos bras ou jambes et de marcher.

Pourquoi n'a-t-on pas tous les mêmes yeux ?

Nos parents nous transmettent nos caractéristiques physiques dans nos gènes, des petites cellules de notre corps qui portent leur héritage : selon les gènes, nos yeux sont bleus, noirs, verts ou marron.

Pourquoi les gens sont-ils de couleurs différentes ?

La couleur de notre peau, transmise par nos parents dans les gènes, dépend de la quantité de substances appelées pigments dans nos cellules. Selon les régions où ont vécu nos ancêtres, ces pigments, comme la mélanine, sont plus ou moins nombreux.

Pourquoi sort-on du ventre des mamans ?

Parce que c'est dans le ventre des mamans que nous commençons à grandir, bien au chaud, pendant neuf mois, après que les cellules de nos deux parents se sont mélangées lors d'un de leurs câlins amoureux.

Pourquoi notre corps a-t-il besoin d'énergie ?

Nos organes ont besoin de carburant, sinon, ils meurent ! Nous trouvons dans la nourriture que nous mangeons et l'air que nous respirons toutes les substances dont nous avons besoin pour faire fonctionner notre organisme.

Pourquoi notre sang circule-t-il ?

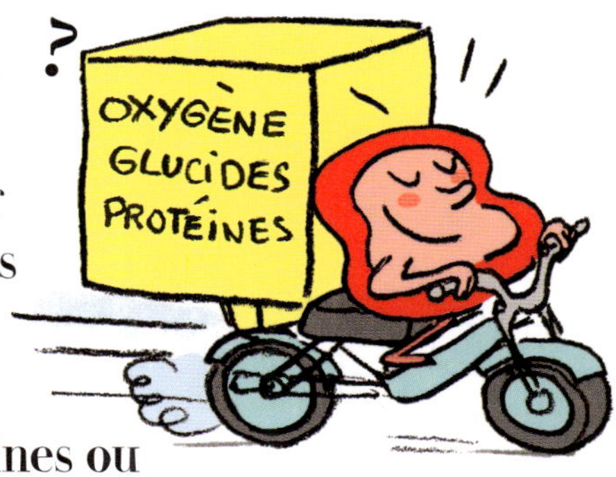

Notre sang est chargé d'apporter à tous nos organes de l'oxygène et des nutriments comme les protéines ou les glucides. C'est pour cela qu'il circule. Il les prend dans nos poumons et notre estomac, et il les distribue ensuite partout dans notre corps.

Pourquoi rêve-t-on ?

Parfois, on vole sur une licorne, parfois on est poursuivi par un monstre ! Toutes ces histoires que nous croyons vivre sont inventées par notre cerveau. Pendant notre sommeil, il travaille à trier nos souvenirs et nos émotions, comme un ordinateur.

Pourquoi fait-on des cauchemars ?

Notre cerveau enregistre toutes nos sensations de la journée et il est très sensible à nos angoisses.

Quand nous avons peur de quelque chose, il s'invente une histoire effrayante pour nous aider à la surmonter à notre réveil.

Pourquoi va-t-on aux toilettes ?

Il nous est aussi nécessaire de faire pipi et caca que de manger ! Une fois que notre corps a puisé dans la nourriture et l'eau que nous avalons ce dont nos organes ont besoin, il y a des déchets qui restent. Notre corps les évacue alors dans les toilettes !

Pourquoi les grands ont-ils des poils au zizi ?

Des poils poussent en effet partout sur notre corps au moment de l'adolescence. Ils sont très importants pour l'organisme car ils régulent notre température et notre transpiration, en protégeant notre peau de la chaleur et du froid.

Pourquoi ne puis-je pas voler comme un oiseau ?

Pour cela, il te faudrait des ailes ! Tu n'en as pas, mais, à la place, tu as des bras qui te permettent la plupart des actions de la vie courante. Et puis les humains sont malins : n'ayant pas d'ailes, ils ont inventé les avions pour voler.

Pourquoi nos ongles sont-ils durs ?

Ils sont composés de kératine, une substance qui durcit, et leur rôle est de protéger nos doigts. Très utiles puisque nous utilisons nos mains en permanence ! Les ongles poussent de manière continue pendant toute la vie.

Pourquoi notre cerveau a-t-il besoin de neurones ?

Il lui faut une équipe pour commander tous nos organes ! Les neurones transmettent au cerveau les informations du corps et ils transportent ses ordres dans l'organisme par signaux électriques.

Pourquoi certains sont-ils plus intelligents que d'autres ?

Nous ne naissons pas tous avec le même cerveau, mais notre intelligence se développe surtout selon notre activité quand nous sommes petits. Plus nous observons et réfléchissons, plus nous entraînons notre cerveau à travailler, comme un muscle !

Pourquoi naît-on ?

Nous naissons suite à la rencontre d'un homme et d'une femme. Leurs corps sont attirés l'un par l'autre et ils se réunissent pendant l'acte sexuel. Leurs cellules se mélangent alors pour créer une nouvelle vie.

Pourquoi ne doit-on pas mettre ses doigts dans les prises électriques ?

C'est très dangereux ! Notre corps est sensible au courant électrique qui arrive par les prises. Si on met les doigts dans une prise, le courant peut traverser notre corps et endommager des organes comme le cœur, ou nous brûler la peau.

Pourquoi ne tient-on pas longtemps sans respirer ?

Toutes nos cellules ont besoin d'oxygène pour fonctionner. En se gonflant quand nous respirons, nos poumons attrapent l'oxygène qui se trouve dans l'air. S'ils arrêtent, nos cellules meurent et nous aussi.

Pourquoi a-t-on les yeux gonflés quand on pleure ?

Comme on se les frotte pour sécher les larmes, cela irrite nos paupières dont la peau est très fine. En plus, les larmes sont chargées de sel, qui irrite nos yeux. Ils deviennent rouges. Heureusement, cela ne dure pas une fois consolés.

Pourquoi grandit-on ?

C'est pour atteindre notre taille d'adulte. Nous sommes aidés par des substances appelées hormones que notre corps fabrique pendant notre sommeil. D'où l'importance de bien dormir !

Pourquoi notre ventre fait-il du bruit parfois ?

C'est notre intestin qui fait du bruit. Quand cela se produit, c'est que nous sommes en pleine digestion et que certains aliments ont du mal à être broyés ou qu'il y a de l'air. D'où les gargouillis parfois gênants ! Pour les éviter, il faut bien mâcher la nourriture.

Pourquoi salive-t-on ?

Dans la bouche, nous avons des poches ou glandes qui fabriquent la salive.
Ce liquide évite à notre bouche de se dessécher et surtout il permet de digérer en transformant la nourriture en boulettes faciles à avaler.

Pourquoi a-t-on la tête qui tourne en faisant des pirouettes ?

Cela donne le vertige, car, dans les oreilles, un liquide se déplace en fonction de nos mouvements pour permettre au cerveau de se repérer dans l'espace. Les pirouettes secouent trop ce liquide et le cerveau perd ses repères : la tête tourne.

Pourquoi a-t-on une glotte ?

Cette petite boule, qui pend au bout de notre larynx, dans notre gorge, permet aux cordes vocales de vibrer quand nous parlons. Elle les protège aussi de la nourriture que nous avalons. C'est elle aussi qui nous fait ronfler !

Pourquoi nos veines sont-elles bleues ?

Ce n'est qu'une impression, puisque le sang est rouge. Les veines nous paraissent bleues car la peau joue un rôle de filtre ne laissant passer que la lumière de cette couleur, ce qui trompe notre œil.

Pourquoi se gratte-t-on ?

Piqûres d'insectes ou urticaire : notre peau réagit aux agressions en envoyant des signaux d'alarme. Elle rougit, se gonfle, et des escadrons de cellules spécialisées nous démangent pour avertir notre cerveau qu'il se passe quelque chose.

Pourquoi a-t-on des lèvres ?

Les lèvres nous permettent de prononcer les sons en s'ouvrant et en se fermant de différentes manières. Elles nous permettent aussi de sourire ou de faire la moue pour faire connaître notre humeur aux autres.

Pourquoi guérit-on tout seul en cas de fracture ?

Notre corps est capable de fabriquer de l'os pour recoller comme du ciment une jambe ou un bras cassé ! Pour cela, on immobilise le membre cassé avec un plâtre pendant quelque temps pour l'empêcher de bouger.

Pourquoi les bébés pleurent-ils tout le temps ?

Contrairement aux apparences, ce n'est pas forcément parce qu'ils sont tristes mais pour attirer l'attention et communiquer ! Ils ne savent pas encore parler et c'est pour eux le seul moyen de faire comprendre qu'ils ont faim ou qu'ils s'ennuient.

Pourquoi meurt-on ?

À moins d'être très malades ou d'avoir un accident, on meurt quand on est vieux.

Les cellules de notre corps s'abîment avec le temps. Le cœur se fatigue et il finit par s'arrêter un jour, ce qui rend tristes ceux qui nous aimaient. Mais c'est pareil pour tout le monde.

Pourquoi ne sent-on pas que l'on grandit ?

Nous ne sentons pas ce processus car il est très lent et dure longtemps : on grandit un petit peu chaque jour. La croissance prend fin lorsque nous avons atteint notre taille adulte, vers 20 ans.

Pourquoi tombe-t-on amoureux ?

Certaines personnes nous attirent parce qu'elles sont drôles, intelligentes, jolies ou sympathiques. Notre corps ressent une émotion et produit des substances spéciales qui font que l'on voudrait rester toujours avec cette personne et l'embrasser.

Pourquoi est-on parfois triste ?

Nous sommes tristes quand il se passe des choses qui nous font de la peine comme perdre quelqu'un ou voir des choses qui ne nous plaisent pas. Notre corps ressent là aussi une émotion et réagit en nous faisant pleurer ou nous sentir mal.

Pourquoi a-t-on parfois peur pour rien ?

Quand on est petit, des choses peuvent nous effrayer car on ne comprend pas tout. Les adultes nous disent alors qu'on a peur pour rien. Ils nous expliquent et tout va mieux ensuite. Adulte, on peut aussi avoir peur parfois pour rien !

Pourquoi est-on timide ?

Difficile parfois de se sentir sûr de soi, quand on doit parler devant tout le monde par exemple. Notre corps ressent cela comme une agression et réagit en nous faisant rougir ou en brouillant nos idées. Cela ne dure pas, mais c'est désagréable !

Pourquoi prend-on des médicaments ?

On les prend parce qu'on est malade. Ce sont des produits tirés de plantes ou fabriqués dans des usines qui tuent les microbes qui nous attaquent et qui aident notre corps à se défendre quand il y a un problème.

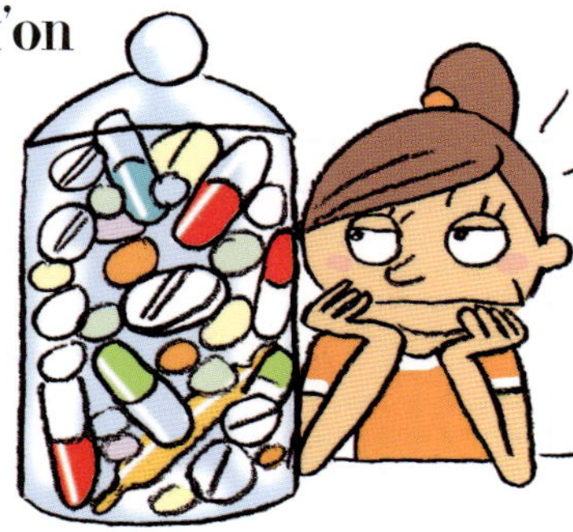

Pourquoi se dispute-t-on ?

Parfois, c'est parce que l'on n'est pas d'accord avec quelqu'un. Cela met en colère, le cerveau et le corps s'échauffent et on se dit des choses méchantes. On se calme et on se réconcilie souvent, mais c'est toujours mieux de discuter au lieu de se disputer.

Pourquoi la varicelle s'attrape-t-elle ?

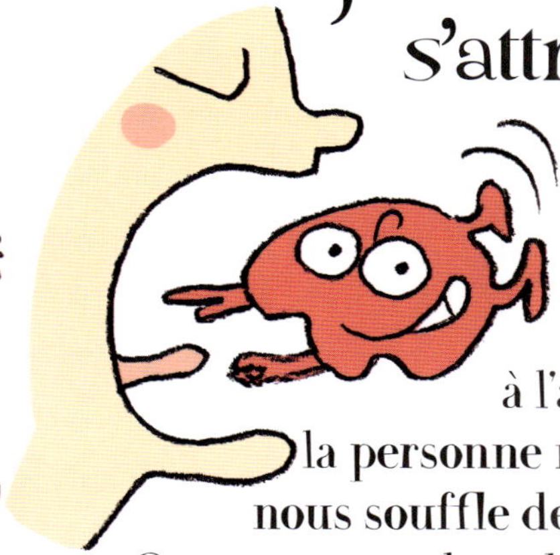

La varicelle est provoquée par un microbe invisible qui passe d'un corps à l'autre lorsque la personne malade postillonne, nous souffle dessus ou nous touche. On se couvre alors de boutons qui grattent beaucoup et il faut aller chez le docteur.

Pourquoi doit-on manger beaucoup de fruits et de légumes ?

Ils contiennent des vitamines et de nombreuses autres substances nécessaires pour grandir et être en bonne santé. La vitamine C dans les oranges, par exemple, nous aide à lutter contre les microbes.

Pourquoi attrape-t-on des caries ?

Après avoir mangé, si nous ne nous lavons pas les dents, les bactéries contenues dans les restes de nourriture attaquent nos dents. Elles creusent l'émail, jusqu'aux racines et aux nerfs, et ça fait mal ! Il faut alors aller chez le dentiste pour se soigner.

Pourquoi ferme-t-on les yeux au soleil ?

C'est pour ne pas être éblouis et même avoir les yeux brûlés par ses rayons. Il est préférable de porter des lunettes protectrices quand nous sommes exposés, surtout en été ou à la montagne.

Pourquoi le cœur bat-il ?

C'est pour que notre sang circule dans tout le corps. Le cœur agit comme une pompe qui aspire et renvoie le sang chargé d'oxygène et de nutriments vers tous nos organes qui en ont besoin pour fonctionner.

Pourquoi dit-on : «dents de lait» ?

Les dents de lait sont les dents de notre enfance, d'où leur nom. Elles poussent durant nos premiers mois de vie et elles tombent à partir de 7 ans pour être remplacées par de nouvelles dents, dites définitives, que nous gardons toute notre existence.

Pourquoi saigne-t-on quand on se coupe ?

Tout notre corps est équipé de vaisseaux situés juste sous la peau. Ils fonctionnent comme des petits tubes dans lesquels le sang circule. Quand on se coupe, on sectionne un vaisseau et le sang qui est dedans se met à couler.

Pourquoi cela fait-il mal si on nous tire les cheveux ?

Nos cheveux poussent dans de petits bulbes sous la peau du crâne : les racines. Autour, il y a des nerfs reliés au cerveau. Quand on tire les cheveux, ces nerfs envoient un message d'alerte à notre cerveau : on a mal.

Pourquoi a-t-on des cloques quand on se brûle ?

C'est un moyen pour la peau de guérir. En cas de brûlure, la douleur informe notre cerveau d'un danger. La peau brûlée se couvre d'une pellicule de liquide et de peau boursouflée qui permet de la protéger et de la réparer.

Pourquoi les moustiques nous provoquent-ils des boutons ?

C'est également un moyen pour la peau de se protéger et de guérir de la piqûre. La peau gonfle et un liquide spécial protège l'endroit qui a été piqué.

Pourquoi reconnaît-on les odeurs ?

Odeurs, images, sons, souvenirs : notre cerveau est un organe fantastique, capable d'enregistrer et de se souvenir de toutes ces choses en les gardant dans notre tête comme dans une bibliothèque ou un ordinateur. C'est la mémoire.

Pourquoi peut-on apprendre une poésie par cœur ?

Grâce à la mémoire justement. En se répétant les strophes de la poésie et en la lisant plusieurs fois, nous utilisons notre cerveau qui les enregistre et les archive. Nous sommes ensuite capables de réciter la poésie par cœur.

Pourquoi va-t-on chez le/la psychologue ?

Les psychologues écoutent nos sentiments, nos histoires et nos questions si nous nous sentons perdus, tristes ou en colère. Avec eux, on fait le point sur nous et notre entourage pour résoudre nos problèmes psychologiques.

Pourquoi va-t-on chez l'allergologue ?

L'allergologue soigne les allergies. Notre corps réagit parfois de manière disproportionnée contre ce qu'il croit être des ennemis comme certains aliments. Cela donne des boutons, des démangeaisons ou des difficultés à respirer qu'il faut soigner.

Pourquoi va-t-on chez le/la pédiatre ?

Les pédiatres ont pour spécialité les maladies des enfants, de la naissance à l'adolescence. Ils surveillent leur croissance, les vaccinent et traitent les maladies que l'on peut avoir petit, comme la varicelle ou la rougeole.

Pourquoi vomit-on ?

Nous vomissons quand notre système digestif se sent agressé et refuse de garder des aliments dans notre corps. Cela peut être dû à un virus ou à un aliment toxique. Il les renvoie par où ils sont venus, c'est-à-dire par la bouche !

Pourquoi prend-on des antibiotiques ?

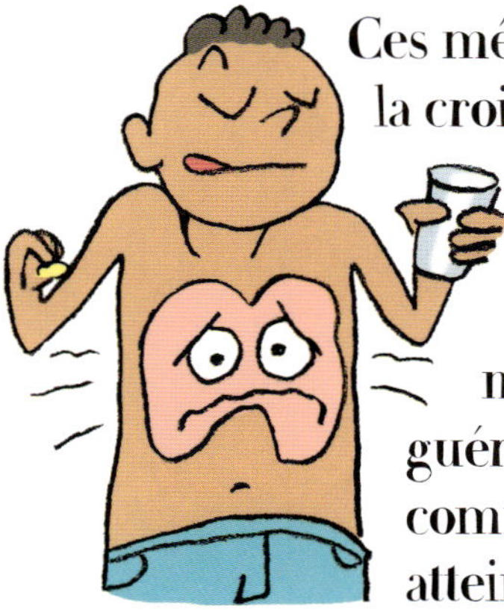

Ces médicaments bloquent la croissance dans notre corps de certaines bactéries dangereuses pour notre organisme. Le docteur nous les prescrit pour nous guérir de certaines maladies, comme la bronchite qui atteint nos poumons.

Pourquoi porte-t-on des lunettes ?

Les verres des lunettes permettent de corriger le mauvais fonctionnement de nos yeux quand on ne voit pas bien de près ou de loin. On les porte pour mieux voir à l'école, au sport et dans notre vie quotidienne.

Pourquoi les enfants doivent-ils dormir plus que les grands ?

Pendant leur sommeil, les enfants fabriquent les cellules qui leur permettent de grandir et celles qui forment leur cerveau. Même lorsqu'il est au repos, le corps travaille !

À quoi cela sert-il de se mesurer et de se peser ?

Chez les enfants, cela permet de surveiller que leur croissance se déroule normalement et que leur poids est adapté. Adulte, il faut aussi continuer à se peser ! Le docteur s'en charge le plus souvent et il nous soigne s'il constate un problème.

Pourquoi la mer est-elle bleue ?

Ce phénomène est dû à la manière dont la lumière se diff use sur la surface de la mer et en profondeur. Les rayons du soleil sont

composés de toutes les couleurs de l'arc-en-ciel, mais l'eau de mer garde le rouge et le jaune. Elle renvoie seulement le bleu et le vert vers nos yeux, d'où cette couleur bleu-vert que nous voyons.

Pourquoi la glace fond-elle ?

Elle fond à cause de la chaleur qui la fait changer de forme. À partir de 0 °C, l'eau glacée se transforme en eau liquide.

Pourquoi les abeilles piquent-elles ?

Les abeilles sont très solidaires. Si elles piquent, c'est toujours pour défendre leur ruche d'une menace et jamais pour faire mal. Elles le payent d'ailleurs cher, car leur dard s'arrache de leur corps, et elles meurent !

Pourquoi le ciel gronde-t-il parfois ?

Cela arrive quand il y a de l'orage. Lorsque de l'air froid et de l'air chaud se rencontrent dans le ciel, les nuages s'amoncellent et se chargent d'électricité. Cela produit des craquements et des rayons de lumière : le tonnerre et les éclairs.

Pourquoi ne peut-on pas toucher les arcs-en-ciel ?

Car ce sont des phénomènes lumineux : tout comme on ne peut pas toucher la lumière, on ne peut pas toucher un arc-en-ciel ! Après la pluie, il reste des gouttes d'eau dans l'air. Les rayons solaires se reflètent dessus et envoient à nos yeux l'image d'une bande de couleurs en forme d'arc.

Pourquoi voit-on parfois la Lune en plein jour ?

La Lune est lumineuse car elle reflète les rayons du Soleil. Elle tourne autour de la Terre qui tourne autour du Soleil. Dans ce grand ballet spatial, selon la position de notre planète, on voit parfois le Soleil et la Lune ensemble, de jour.

Pourquoi le Soleil brûle-t-il ?

Le Soleil est une énorme boule de feu en explosion permanente. Heureusement, il est loin de nous ! Nous recevons tout de même sa lumière chaude qui peut parfois brûler la peau et les yeux.

Pourquoi y a-t-il du sable sur la plage ?

À l'origine, il y avait des rochers, que la mer et le sel ont désagrégés peu à peu, pendant des millions d'années, les réduisant en poudre. Selon les plages, le sable est plus ou moins grumeleux, et il contient parfois encore des petits cailloux.

Pourquoi la mer monte-t-elle et descend-elle ?

Ce mouvement de la mer deux fois par jour est ce qu'on appelle la marée. Ce phénomène s'explique par la très forte attraction sur l'eau qu'exercent à distance la Lune et le Soleil.

Pourquoi peut-on prévoir les tremblements de terre ?

Les scientifiques ont mis au point des machines appelées sismographes, qui enregistrent les mouvements de la Terre. Chaque vibration est étudiée et ils peuvent ainsi prévoir assez tôt un tremblement de terre si l'activité sismique augmente anormalement.

Pourquoi les dauphins ne boivent-ils pas d'eau ?

Contrairement aux autres poissons qui ont besoin de boire pour s'hydrater, les dauphins sont capables, en digérant, de tirer toute l'eau qui leur est nécessaire dans les poissons qu'ils mangent !

Pourquoi les maisons sont-elles blanches dans les pays chauds ?

Dans les maisons de cette couleur, il y fait plus frais. Les rayons du Soleil sont renvoyés par le blanc, qui ne garde pas la chaleur. Le noir, au contraire, absorbe les rayons et garde la chaleur.

Pourquoi y a-t-il des cyclones ?

Dans les régions tropicales, l'humidité qui monte de l'océan forme de gros nuages. Entraînés par le mouvement de rotation de la Terre, ces nuages se mettent à tourner sur eux-mêmes. Les cyclones, ou ouragans, provoquent des vents violents et des pluies torrentielles.

Pourquoi les volcans peuvent-ils déclencher des « hivers » ?

Les volcans en éruption crachent dans l'atmosphère du gaz qui peut empêcher les rayons du Soleil de passer normalement. Cela provoque alors un refroidissement de l'air, comme en hiver !

Pourquoi la Lune n'a-t-elle pas toujours la même forme ?

En réalité, elle est toujours ronde ! Mais, comme elle tourne autour de nous, nous ne voyons pas toujours de la même façon sa face éclairée par le Soleil.

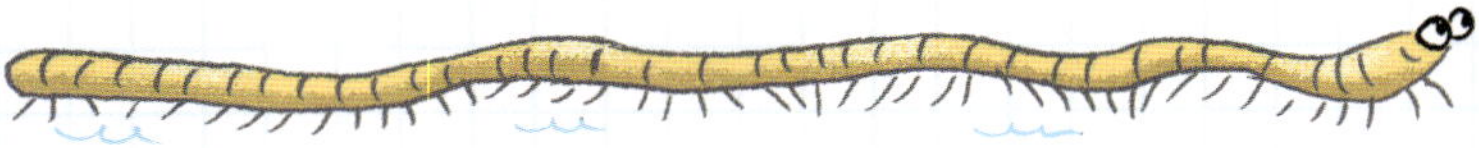

Pourquoi le Soleil ne bouge-t-il pas ?

Le Soleil n'est pas vraiment immobile : il tourne sur lui-même, comme une danseuse, mais nous ne nous en apercevons pas !

Pourquoi la Terre ne « tombe-t-elle » pas dans l'espace ?

Notre planète ne tombe pas car elle est « retenue » par le Soleil, par une force qui s'appelle la gravitation. Mais, comme elle avance en même temps, au lieu de tomber sur le Soleil, elle reste non loin de lui, en lui tournant autour !

Pourquoi les scientifiques regardent-ils dans des télescopes ?

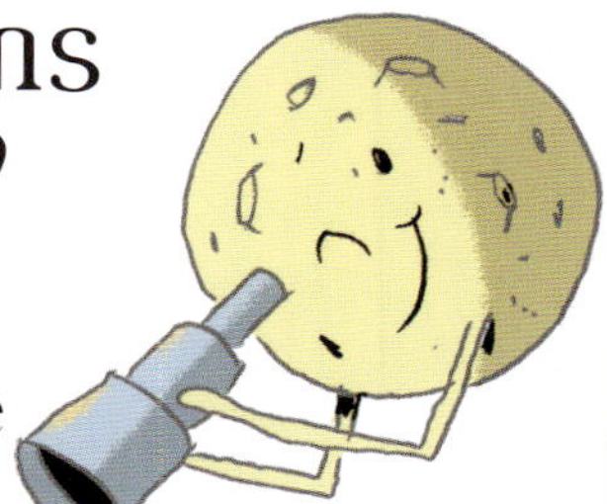

Grâce au miroir situé dans le télescope et à sa capacité à grossir les images, on arrive à voir les astres dans l'espace (les autres planètes, les étoiles, etc.). Cela permet aux scientifiques de les étudier pour mieux connaître l'Univers, son histoire et son fonctionnement.

Pourquoi y a-t-il de l'air sur la Terre ?

Ce gaz invisible s'est formé à la naissance de notre planète, lorsque celle-ci, qui n'était qu'une boule de matière très chaude, s'est mise à refroidir. Ce gaz nous entoure comme une bulle et nous permet de respirer et de vivre.

Pourquoi y a-t-il du brouillard ?

Le brouillard est composé de fines gouttelettes d'eau en suspension dans l'air. Il se forme quand l'air est humide et que la température se met à baisser. Il ressemble à de la fumée et gêne souvent la circulation des voitures.

Pourquoi y a-t-il des planètes ?

Lors de la naissance de notre étoile, le Soleil, de la matière s'est détachée de lui : ces débris se sont rassemblés en « boules », ce qui a formé les planètes du Système solaire, dont notre planète la Terre !

Pourquoi y a-t-il différents continents sur la Terre ?

Car la surface de notre planète est composée de grandes plaques, qui portent les six continents : les Amériques, l'Europe, l'Afrique, l'Asie, l'Océanie et l'Antarctique. Ces plaques bougent très lentement et provoquent parfois des tremblements de terre en se cognant.

Pourquoi n'y a-t-il plus de dinosaures sur Terre ?

Les scientifiques pensent qu'ils ont disparu il y a 66 millions d'années à cause d'un réchauffement du climat, après des éruptions de volcans et la chute d'une météorite. Ces phénomènes auraient eu la peau de ces géants.

Pourquoi avance-t-on au ralenti dans l'espace ?

Comme le phénomène d'attraction que nous connaissons sur Terre n'existe pas, les corps des astronautes flottent dans l'espace et chaque mouvement qu'ils font devient très long. On dit qu'ils sont en apesanteur.

Pourquoi les jours sont-ils plus longs en été ?

La Terre tourne autour du Soleil. Selon le moment de l'année et la saison, notre planète est plus ou moins proche de celui-ci. En été, nous recevons ses rayons plus longtemps dans la journée et il fait jour plus tard.

Pourquoi ne sait-on pas si les extraterrestres existent ?

Les scientifiques n'ont pas de preuves que d'autres êtres vivent dans l'Univers ! Mais ils n'ont pas non plus de preuves qu'ils n'existent pas ! Pour le moment, personne ne peut donc répondre à cette question passionnante !

Pourquoi a-t-on marché sur la Lune ?

Après avoir réussi l'exploit d'emmener une fusée sur la Lune, les astronautes avaient la mission d'explorer et d'étudier son sol et son relief. Objectif : trouver des matières intéressantes et voir si notre blanche voisine pourrait être habitable.

Pourquoi Saturne a-t-elle des anneaux ?

Ces anneaux sont en réalité des nuages, constitués de glace et de millions de particules rocheuses et métalliques arrivées de l'espace, qui se sont collées entre elles et qui tournent à toute vitesse autour de Saturne.

Pourquoi ne sait-on pas combien d'étoiles il y a dans l'espace ?

Les scientifiques pensent que l'Univers n'a pas de limites ! Impossible alors d'imaginer le nombre d'étoiles qui serait colossal : il y en aurait déjà plus de 200 milliards, rien que dans notre galaxie, la Voie lactée !

Pourquoi la Terre est-elle ronde ?

La Terre est née d'une explosion. Des particules très chaudes, sous l'effet de la gravité (une force qui fait s'attirer toute chose dans l'Univers), se sont attirées les unes les autres et se sont accumulées, ce qui a formé une boule ! Toutes les autres planètes se sont formées de la même façon.

Pourquoi la nature dort-elle en hiver ?

Certains arbres et certains animaux mettent leurs corps en sommeil pour se protéger du froid. Mais ils ne restent pas inactifs : ils préparent en cachette leurs bourgeons et leurs petits pour le printemps !

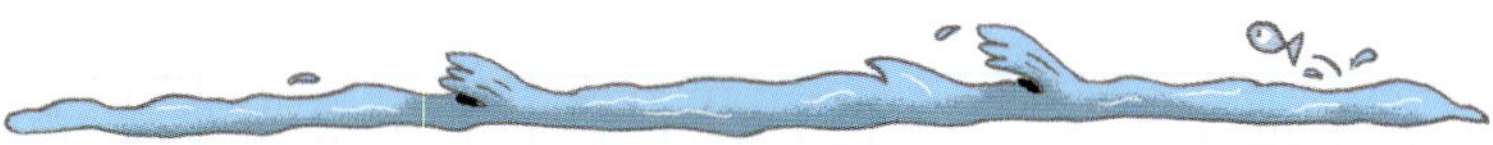

Pourquoi n'y a-t-il personne dans le désert ?

Difficile de survivre dans le désert. Le jour, le soleil brûle et, la nuit, le froid est glacial ! L'eau et l'ombre sont rares. Il y a cependant des habitants, installés près des quelques points d'eau appelés oasis, et des chameaux et dromadaires qui supportent bien le climat.

Pourquoi les fleuves se jettent-ils dans la mer ?

Sur la Terre, l'eau circule en permanence. Les cours d'eau coulent de la montagne et forment les rivières, qui se rassemblent en fleuves, qui, à leur tour, se jettent dans la mer. L'eau de mer s'évapore ensuite en nuages qui amènent la pluie sur les montagnes et ainsi de suite.

Pourquoi les arbres ont-ils de la sève ?

La sève est pour les arbres ce que le sang est pour les humains. Liquide, elle circule à l'intérieur de l'écorce et transporte les substances nécessaires à l'arbre pour pousser et vivre.

Pourquoi les fleurs ont-elles des couleurs ?

Elles se font belles pour attirer des insectes. Les abeilles y attrapent du pollen, une poudre jaune qu'elles sèment ensuite dans la nature, ce qui permet la naissance d'autres fleurs.

Pourquoi les arbres changent-ils de couleur ?

Selon les saisons, les feuilles reçoivent plus ou moins de lumière du Soleil : leurs petites cellules vertes, qui s'activent avec le soleil, sont donc plus ou moins présentes. En automne, elles laissent la place aux cellules qui donnent leur couleur jaune et rouge aux feuilles.

Pourquoi les araignées se balancent-elles à un fil ?

Les araignées chassent et se déplacent en tendant des fils. Elles piègent ainsi des petits insectes volants, qui se prennent dans leur toile collante, un peu comme dans un filet. Elles n'ont plus qu'à les piquer, les paralyser et les croquer !

Pourquoi les escargots n'aiment-ils pas qu'on touche leurs antennes ?

Au bout des antennes des escargots, il y a leurs yeux ! Pas étonnant qu'ils n'aiment pas qu'on les leur touche ! Si on insiste, ils rentrent vite dans leur coquille !

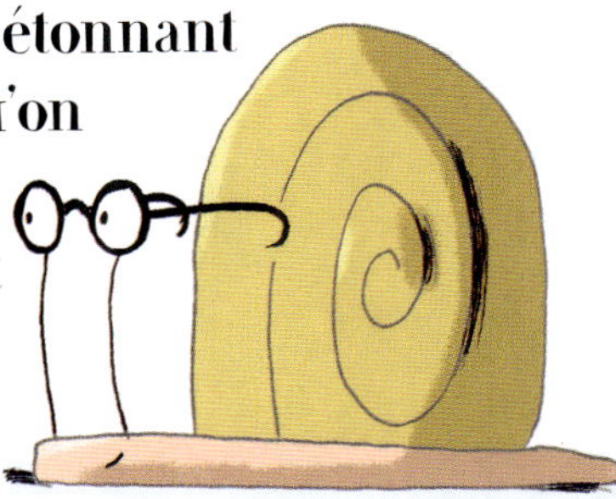

Pourquoi certains animaux migrent-ils ?

Certaines espèces se déplacent à la recherche de territoires avec un climat plus favorable et pour trouver de la nourriture. Les cigognes, par exemple, quittent l'Europe au début de l'hiver pour trouver le soleil en Afrique. Puis elles reviennent au printemps !

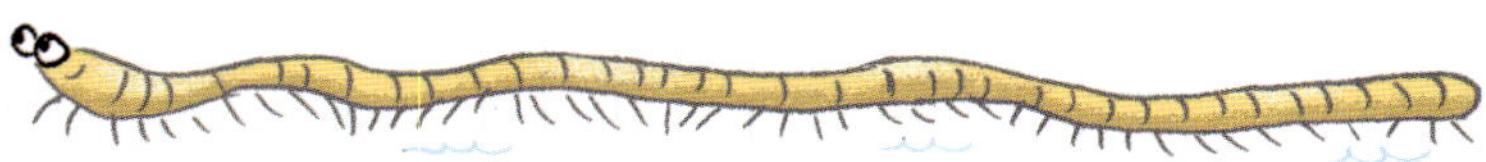

Pourquoi les serpents sifflent-ils ?

Ils cherchent à faire peur à leurs ennemis quand ils se sentent en danger. C'est une sorte d'avertissement : « Si tu approches, je mords, regarde comme je suis fort ! » Dans ce cas-là, mieux vaut s'éloigner…

Pourquoi les pieuvres sortent-elles de l'eau ?

Les pieuvres chassent plutôt dans l'eau, entre les rochers, mais elles sont gourmandes : un crabe appétissant sur la plage et hop ! les voilà sur le sable pour l'attraper avec leurs longs tentacules et le dévorer tout cru !

Pourquoi les requins attaquent-ils les humains ?

L'homme n'est pas le menu préféré des requins qui se nourrissent plutôt de plancton et de petits poissons. Ils n'attaquent que s'ils se sentent menacés ou s'ils confondent un nageur ou un surfeur avec une tortue.

Pourquoi le chien fait-il pipi aux quatre coins de son jardin ?

Il marque et protège ce qu'il considère comme son territoire. C'est une manière de dire aux voisins, chats, chiens ou renards, qu'ici, c'est chez lui ! Parfois, c'est aussi pour attirer des amoureuses !

Pourquoi la chauve-souris dort-elle la tête en bas ?

Ses pattes ne lui permettent pas de tenir debout ! Elle s'accroche donc à l'envers quand elle souhaite se reposer. Cela lui évite ainsi d'être attaquée par des prédateurs et lui donne de l'élan lorsqu'elle veut s'envoler.

Pourquoi dit-on que les chats retombent toujours sur leurs pattes ?

En cas de chute, les yeux et les oreilles du chat envoient à son cerveau la position de sa tête par rapport au sol. Cela lui permet de la relever bien haut et de bien placer ses pattes sur le sol. Mais il arrive qu'il n'ait pas assez de temps pour se redresser, et il se blesse alors quand même !

Pourquoi le mille-pattes en a-t-il beaucoup moins ?

Ce petit animal présente une multitude de pattes, donnant l'impression qu'il en a 1 000 ! En réalité, il en a entre 100 et 400 au maximum, ce qui n'est déjà pas si mal !

Pourquoi le réchauffement climatique est-il dangereux ?

Le réchauffement de notre planète provoque une montée du niveau de la mer, des catastrophes naturelles comme les tsunamis, et de la sécheresse qui empêche les plantes de pousser. Il faut tout faire pour polluer moins et ralentir ce phénomène !

Pourquoi y a-t-il beaucoup d'animaux qui disparaissent ?

Parce qu'on coupe les forêts où ils habitent, parce que nos activités polluent les rivières dans lesquelles ils boivent, parce que nous les chassons et pêchons en trop grande quantité. Il est temps d'arrêter le massacre !

Pourquoi certains animaux muent-ils ?

On dit que les animaux muent quand ils changent de peau. C'est le cas des serpents ou des homards par exemple, dont la peau, trop dure, les empêche de grandir. Elle sèche, se casse et laisse la place à une nouvelle plus large pour laisser l'animal se développer.

Pourquoi les tortues ont-elles une carapace ?

C'est une protection très solide, une véritable armure ! Elle est faite d'os, de cartilages et d'écailles et sa couleur « passe-partout » permet aux tortues de se cacher dans la nature sans se faire remarquer.

Pourquoi le cheval dort-il debout ?

Les chevaux vivent dans un état de vigilance permanente et préfèrent donc se reposer debout, dans un état de demi-sommeil. Ils ne se couchent que s'ils se sentent en sécurité et cela ne dure que quelques minutes !

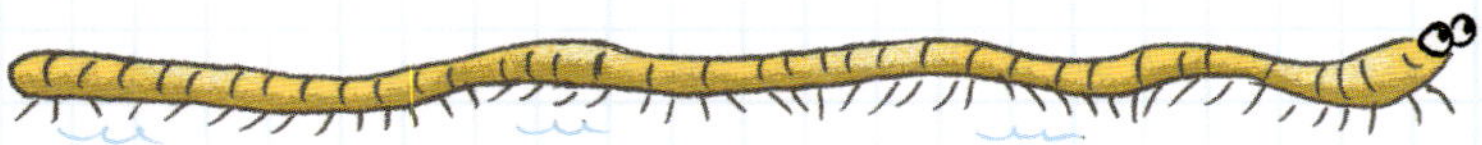

Pourquoi les animaux ne parlent-ils pas ?

Disons plutôt qu'ils ne parlent pas comme les humains. Leur larynx ne leur permet pas de former des mots articulés et leur cerveau d'avoir un langage aussi élaboré que le nôtre, mais ils communiquent entre eux avec des sons par exemple pour se passer des messages !

Index

A
Abeilles ... p. 84, 100
Adoubement ... p. 10
Ailes ... p. 60
Aliments ... p. 41, 48
Allergie ... p. 79
Allergologue ... p. 79
Ampoules ... p. 42
Animaux .... p. 35, 46, 98, 102, 106, 107, 108
Antibiotiques ... p. 81
Apesanteur ... p. 94
Araignée ... p. 101
Arbre ... p. 98, 99, 100
Arc-en-ciel ... p. 83, 85
Archéologues ... p. 5, 6, 28
Art ... p. 4,18, 22, 23
Ascenseur ... p. 43
Athlétisme ... p. 6
Automne ... p. 100
Avions ... p. 31, 60

B
Bactéries ... p. 33, 34, 41, 74, 81
Barrage ... p. 45
Bateaux ... p. 6, 32
Bébés ... p. 68
Braille ... p. 44
Brouillard ... p. 92
Brûlure ... p. 77

C
Câbles ... p. 43
Caca ... p. 59
Caméra ... p. 42
Capitales ... p. 49
Carapace ... p. 107
Caries ... p. 34, 74
Cathédrales ... p. 11
Cauchemars ... p. 58
Cellules .... p. 55, 56, 62, 63, 67, 69, 82, 100
Cerveau ...... p. 40, 47, 58, 61, 65, 67, 76, 77, 78, 82
Char ... p. 9
Châteaux ... p. 10, 12
Chats ... p. 105
Chauve-souris ... p. 104
Chefs d'orchestre ... p. 21
Cheval ... p. 108
Chevaliers ... p. 10, 12
Cheveux ... p. 76
Chien ... p. 104
Cigognes ... p. 102
Cinéma ... p. 26
Cœur ... p. 75
Colère ... p. 72, 79
Colisée ... p. 8
Communication ... p. 102, 108
Continents ... p. 93
Cordes vocales ... p. 66
Corps ...... p. 40, 55, 57, 59, 61, 62, 64, 68, 79
Courrier ... p. 38
Cow-boys ... p. 15
Crème ... p. 39
Croissance ... p. 64, 69, 82
Cuire ... p. 41
Cyclones ... p. 89

D
Dard ... p. 84
Dauphin ... p. 88
Dentifrice ... p. 53
Dents ... p. 34, 35, 36, 53, 74, 75
Désert ... p. 98
Devoirs ... p. 50
Dieux ... p. 5, 7
Digestion ... p. 64, 65
Dinosaures ... p. 94
Disney (Walt) ... p. 28
Droits ... p. 53

E
Eau ... p. 35, 45, 83, 88, 92, 99, 103
École ... p. 51
Écrans ... p. 39
Écrivains ... p. 25
Égalité ... p. 51
Égyptiens ... p. 7, 8

Électricité .... p. 35, 42, 45, 52, 62, 84
Émotions .... p. 70
Énergie .... p. 30, 52, 57
Enluminures .... p. 11
Épices .... p. 48
Escargots .... p. 101
Espace .... p. 91, 94, 97
Essence .... p. 31
Estomac .... p. 41
Été .... p. 95
Étoiles .... p. 97
Étudier .... p. 29
Évaporation .... p. 99
Évêques .... p. 11
Extraterrestres .... p. 95

F
Facteur .... p. 38
Feu .... p. 41, 86
Feuilles .... p. 100
Film .... p. 26
Flamenco .... p. 24
Fleurs .... p. 100
Fleuves .... p. 99
Football .... p. 54
Fracture .... p. 68
Fruits .... p. 36, 73

G
Galaxie .... p. 97
Gaz .... p. 43, 92
Gènes .... p. 55, 56
Glaçons .... p. 45
Gladiateurs .... p. 8
Glotte .... p. 66
Gorge .... p. 66
Grande muraille de Chine .... p. 16
Gravitation .... p. 91, 97
Grecs .... p. 5, 6
Guerres .... p. 13, 14
Guidon .... p. 33

H
Heure .... p. 52
Hiéroglyphes .... p. 7
Histoire .... p. 27, 28
Hiver .... p. 98, 102
Hormones .... p. 64

I
Imprimerie .... p. 11
Incas .... p. 16
Indiens d'Amérique .... p. 15
Infirmier, infirmière .... p. 40
Intelligence .... p. 61
Intestin .... p. 64

J
Jeux olympiques .... p. 6
Joconde (*La*) .... p. 22
Judo .... p. 54

L
Langage .... p. 108
Langue .... p. 45, 52
Larmes .... p. 63
Larynx .... p. 66, 108
Laver (se) .... p. 33
Légumes .... p. 36, 73
Lèvres .... p. 67
Lire .... p. 44
Livres .... p. 11
Lois .... p. 37
Louvre .... p. 22
Lumière .... p. 42, 47, 52, 66, 83, 84, 85, 86
Lune .... p. 85, 87, 90, 96
Lunettes .... p. 81

M
Machu Picchu .... p. 16
Maladies .... p. 34, 36, 41, 72, 73
Mammouths .... p. 3
Marée .... p. 87

Massaïs .... p. 17
Mayas .... p. 17
Médicaments .... p. 72, 81
Méditerranée (mer) .... p. 6
Mémoire .... p. 78
Mer .... p. 83, 86, 87, 99, 106
Microbes .... p. 33, 40, 72, 73
Migration .... p. 102
Mille-pattes .... p. 105
Modèles .... p. 18
Moines .... p. 11
Momie .... p. 8
Montagnes .... p. 45, 99
Montgolfière .... p. 43
Mourir .... p. 69
Moustiques .... p. 77
Moyen Âge .... p. 10, 11, 12, 13
Mue .... p. 107
Muscles .... p. 40, 55, 61
Musées .... p. 18, 22
Musiciens .... p. 19, 20

N

Naissance .... p. 56, 62
Nature .... p. 46, 98
Nerfs .... p. 74, 76
Neurones .... p. 61
New York .... p. 23
Nil .... p. 7
Nobel (prix) .... p. 27
Noël .... p. 47
Non-voyant .... p. 44

O

Oasis .... p. 98
Odorat .... p. 78
Œil .... p. 44, 47, 55, 63, 66, 74, 81, 86, 101
Oiseau .... p. 60
Ongles .... p. 60
Opéra .... p. 21
Orage .... p. 84
Oreilles .... p. 65
Organes .... p. 57, 59, 61, 75, 78
Os .... p. 68
Ouragans .... p. 89
Oxygène .... p. 57, 63, 75

P

Paix .... p. 14
Palette .... p. 19
Parchemins .... p. 11
Paupières .... p. 63
Payer .... p. 50
Pays .... p. 49
Peau .... p. 39, 56, 59, 66, 67, 76, 77, 107
Pédiatre .... p. 80, 82
Peintres .... p. 18, 19
Peintures .... p. 18
Petit déjeuner .... p. 30
Peur .... p. 71
Pharaons .... p. 7, 8
Picasso .... p. 22
Piétons .... p. 34
Pieuvres .... p. 103
Pipi .... p. 59, 104
Piqûre .... p. 77, 84
Plage .... p. 86, 103
Planètes .... p. 35, 85, 93, 97, 106
Plantes .... p. 35, 46, 106
Plaques tectoniques .... p. 93
Plastique .... p. 46
Plâtre .... p. 68
Pleurer .... p. 23, 44, 63, 68
Pluie .... p. 85, 89, 99
Plume .... p. 11, 15, 25
Poids .... p. 82
Poils .... p. 59
Poissons .... p. 88
Policiers .... p. 37
Pollen .... p. 100
Pollution .... p. 35
Pompiers .... p. 41
Poulie .... p. 43
Poumons .... p. 63
Préhistoire .... p. 3, 4, 5, 13, 28
Printemps .... p. 102
Psychologue .... p. 79
Pyramides .... p. 17

R

Réchauffement climatique .... p. 94, 106
Règles .... p. 34, 37, 49
République .... p. 14
Requins .... p. 103

Respiration ... p. 63
Rêver ... p. 58
Révolution française ... p. 14
Rivières ... p. 99
Rois ... p. 10, 11, 12, 13, 14
Romains ... p. 8, 9, 52
Roues ... p. 32, 33
Rougir ... p. 71
Royauté ... p. 14

S

Sable ... p. 86
Saison ... p. 95, 100
Salive ... p. 65
Sang ... p. 57, 66, 75, 76
Santé ... p. 35
Sapins ... p. 47
Sarcophage ... p. 8
Satellites ... p. 42
Saturne ... p. 96
Scénario ... p. 26
Sculpteurs ... p. 18
Sculptures ... p. 4
Sécheresse ... p. 106
Seigneurs ... p. 10, 12
Sel ... p. 63, 86
Serpents ... p. 102, 107
Sève ... p. 99
Silex ... p. 4
Sismographe ... p. 87
Société ... p. 29
Soleil p. 83, 85, 86, 87, 88, 90, 91, 93, 95, 100
Solfège ... p. 19
Sommeil ... p. 58, 64, 82, 98, 108
Sport ... p. 40
Squelette ... p. 55
Sucre ... p. 36, 46
Système solaire ... p. 93

T

Téléphone ... p. 48
Télescope ... p. 91
Télévision ... p. 42
Tentacules ... p. 103
Terre ... p. 85, 87, 91, 92, 93, 94, 95, 97
Théâtre ... p. 24
Timbre ... p. 38
Timidité ... p. 71
Tomber amoureux ... p. 70
Tortues ... p. 107
Tournois ... p. 12
Travailler ... p. 29
Tremblements de terre ... p. 87, 93
Tristesse ... p. 70, 79
Tsunamis ... p. 106

U

Univers ... p. 91, 95, 97

V

Vacances ... p. 29
Varicelle ... p. 73
Veines ... p. 66, 76
Vélo ... p. 33
Vent ... p. 89
Vertige ... p. 65
Vinci (Léonard de) ... p. 22
Violence ... p. 30
Vitamines ... p. 73
Voie lactée ... p. 97
Voiles ... p. 32
Voiture ... p. 32, 34
Volcans ... p. 89
Vomir ... p. 80

Z

Zizi ... p. 59